SCÈNES EN STOCK

ISBN : 978-2-9589583-0-5

© Canaille, 2024

Éditeur : Canaille

canaille@myyahoo.com

Impression : Amazon KDP

Mise en forme intérieure : Polymnesia

CANAILLE

SCÈNES EN STOCK

Des scènes et des monologues

Pour tous les amoureux de la scène…

AVANT-PROPOS

Entre une scène et un monologue, il n'y a qu'un livre...

Envie de te confronter à des personnages assez particuliers souvent désemparés, décalés, ils ont tous un problème, mais lequel ? Certainement le tien.

Inspiré du quotidien, de toi, de ta famille et surtout de nous, tu trouveras sûrement des scènes qui te concernent, car comme tu sais, un texte qui te parle, c'est sûrement un texte qui parle de toi.

Chaque texte se suffit à lui-même, pas besoin de leur trouver une fin, ils en ont tous une, pas d'ordre de lecture non plus, tu peux commencer par celui que tu veux et finir par celui que tu souhaites, je sais, ça veut dire la même chose !

Enfin amuse-toi, éclate-toi et surtout, prends du plaisir.

Canaille

Scènes

BONJOUR, BONJOUR

Monsieur A est assis sur un banc quand Monsieur B passe devant lui, Monsieur A l'interpelle en pensant que celui-ci l'a salué.

MONSIEUR A — Bonjour.

Monsieur B s'arrête, regarde sans comprendre et ne dit rien.

MONSIEUR A — Je vous ai dit bonjour, parce que vous m'avez dit bonjour.

MONSIEUR B — Moi, je vous ai dit bonjour ?

MONSIEUR A — Oui, vous m'avez dit bonjour.

MONSIEUR B — Je ne vous ai pas dit bonjour.

MONSIEUR A — Vous m'avez dit bonjour parce que moi, je ne vous aurais pas dit bonjour, je ne vous connais pas.

MONSIEUR B — Moi non plus je ne vous connais pas.

MONSIEUR A — Ça vous arrive souvent ?

MONSIEUR B — De ?

MONSIEUR A — De dire bonjour à des gens que vous ne connaissez pas.

MONSIEUR B — Non, jamais.

MONSIEUR A — Pourquoi moi, alors ?

MONSIEUR B — Une fois, j'ai dit bonjour à quelqu'un que je ne connaissais pas.

MONSIEUR A — C'était qui ?

MONSIEUR B — Je ne sais pas, je ne le connaissais pas.

MONSIEUR A — Vous habitez où ?

MONSIEUR B — Pourquoi cette question ?

MONSIEUR A — Peut-être que vous connaissez dans le coin quelqu'un qui me ressemble, vous avez cru que c'était lui et c'est pour cela que vous m'avez dit bonjour.

MONSIEUR B — Je ne connais personne, mais absolument personne qui vous ressemble, à part peut-être votre femme.

MONSIEUR A — Vous connaissez ma femme ?

MONSIEUR B — Non, mais je suis sûr qu'elle vous ressemble.

MONSIEUR A — Vous avez de la chance d'être tombé sur moi.

MONSIEUR B — Ah oui ?

MONSIEUR A — Si ça avait été quelqu'un d'autre, il l'aurait très mal pris.

MONSIEUR B — Écoutez Monsieur, je ne vous ai

pas dit bonjour, mais si j'avais envie de vous le dire, où est le problème ?

MONSIEUR A — Vous voyez, vous m'avez dit bonjour.

MONSIEUR B — Non, mais j'aurais pu.

MONSIEUR A — Moi, je n'aurais pas pu.

MONSIEUR B — Et pourquoi ?

MONSIEUR A — Je viens de vous le dire, je ne vous connais pas.

MONSIEUR B — Pourtant, vous me l'avez dit ?

MONSIEUR A — J'ai répondu à votre salut, excusez-moi d'être poli.

MONSIEUR B — Qu'est-ce que vous insinuez ?

MONSIEUR A — Rien, je constate.

MONSIEUR B — Puisque je suis si impoli, laissez-moi vous dire au revoir et bonjour chez vous.

MONSIEUR A — Vous connaissez chez moi ?

MONSIEUR B — Non.

MONSIEUR A — Alors pourquoi vous dites bonjour chez vous, si vous ne connaissez pas chez moi ?

MONSIEUR B — Si tout le monde se disait bonjour sans se connaître, les dialogues seraient meilleurs.

MONSIEUR A — Qu'on commence par dire bonjour aux gens qu'on connaît.

Monsieur A s'en va.

MONSIEUR B — Au revoir.

FRANCE TRAVAIL

Nous sommes dans une agence France Travail, une conseillère est dans son bureau, elle attend son rendez-vous, un chômeur qu'elle a convoqué à plusieurs reprises, mais sans succès.

LE CHÔMEUR — Bonjour, Madame.

LA CONSEILLÈRE — Ah Monsieur, c'est un miracle de vous voir, j'ai tout fait pour vous contacter : le téléphone, les e-mails, le courrier postal, je suis même passée vous voir, vous n'étiez pas là *(heureuse)* j'ai cru que vous étiez mort.

LE CHÔMEUR — Mort ? Non, occupé.

LA CONSEILLÈRE — Justement, on va en parler. Installez-vous. Alors cette recherche d'emploi, où en sommes-nous ?

LE CHÔMEUR — Je cherche.

LA CONSEILLÈRE — Et ?

LE CHÔMEUR — Je cherche.

LA CONSEILLÈRE — Vous recherchez dans quel domaine?

LE CHÔMEUR — Je cherche.

LA CONSEILLÈRE — Qu'est-ce que vous recherchez? Un CDI, CDD, temps plein, partiel, intérim ?

LE CHÔMEUR — Un mélange.

LA CONSEILLÈRE — Très bien, à quand remonte votre dernière expérience professionnelle ?

LE CHÔMEUR — Euh…

LA CONSEILLÈRE — Ça fait si longtemps ?

LE CHÔMEUR — Ah oui, ça date.

LA CONSEILLÈRE — Mais, entre nous, rassurez-moi, vous avez déjà travaillé ?

LE CHÔMEUR — Jamais, je n'ai jamais travaillé de toute ma vie, quel bonheur.

LA CONSEILLÈRE — Jamais ?

LE CHÔMEUR — Pas une seconde.

LA CONSEILLÈRE — Vous êtes riche ?

LE CHÔMEUR — Ah non Madame, j'aimerais bien.

LA CONSEILLÈRE — Vous êtes malade ? C'est ça, vous êtes malade ? Vous avez un certificat médical, je suis désolée, je ne le savais pas.

LE CHÔMEUR — Je me porte très bien, douze de tension, dix à chaque oreille, autant à chaque œil, je vois comme j'entends, je suis dans une forme olympique.

LA CONSEILLÈRE — Et vous ne travaillez pas ?

LE CHÔMEUR — Non.

LA CONSEILLÈRE — Pourquoi ?

LE CHÔMEUR — Je n'y arrive pas. Une fois, j'ai essayé de travailler, je suis tombé dans les pommes, je me suis rendu à l'évidence : Je suis allergique au travail.

LA CONSEILLÈRE — Vous êtes surtout un gros fainéant, mais ne vous inquiétez pas, on va y remédier, vous faites quoi de vos journées ?

LE CHÔMEUR — Rien, et c'est très dur de ne rien faire ; je ne le souhaite à personne, n'essayez pas, vous n'y arriverez pas. Aller à La Poste devient une mission. Alors, si je peux vous donner un conseil, gardez votre travail, parce que ne rien faire, c'est pas donné à tout le monde.

LA CONSEILLÈRE — Rien de vos journées ? Mais c'est impossible, vous n'avez pas de hobbies, des passions, des passe-temps ?

LE CHÔMEUR — J'aime bien regarder les gens partir travailler ; je trouve ça beau, tous ces gens qui se lèvent pour moi tous les matins, je trouve ça rassurant, je suis même impressionné, il y en a qui y vont en courant, et puis je leur crie dessus : « Dépêche-toi, tu es en retard ! », alors que moi, je ne travaille pas.

LA CONSEILLÈRE — Ça va être dur de trouver une activité similaire.

LE CHÔMEUR — C'est pourtant la vôtre.

LA CONSEILLÈRE — Ah non Monsieur, mon métier consiste à trouver du travail à des demandeurs d'emploi.

LE CHÔMEUR — Oui exactement, à des demandeurs d'emploi, sauf que moi, je n'ai rien demandé.

LA CONSEILLÈRE — Je vous rappelle qu'on vous donne 550,93 euros par mois.

LE CHÔMEUR — C'est le prix de mon téléphone, je vous rends l'argent ?

Le chômeur lui tend son téléphone, elle ne le prend pas.

LA CONSEILLÈRE — Ça ne va pas se passer comme ça, je vais vous mettre au travail illico presto. Avec moi, vous allez travailler durement et longuement, je ne vais pas vous lâcher.

LE CHÔMEUR — Sous Chirac, on ne m'a rien dit, sous Sarkozy, on ne m'a rien dit, sous Hollande, c'était la planque, on ne va pas me faire chier sous Macron ! Et puis, c'est quoi le travail ? Des salaires bas, des collègues assassins et une retraite qui ne vient pas ? Très peu pour moi. Est-ce qu'on peut finir cet entretien ? Il est 17 h.

LA CONSEILLÈRE — Oui c'est ça, allez emmerder les gens qui sortent du travail.

LE CHÔMEUR — Oui et je vais être en retard. Que la France travaille ; moi, je préfère la regarder.

Le chômeur se lève pour quitter le bureau.

LA CONSEILLÈRE — Nous nous reverrons.

LE CHÔMEUR — Travaillez bien.

Le chômeur sort du bureau.

PAS INVITÉ

Oscar et César sont assis sur un banc, avec chacun un sac de sport dans les mains. Ils sont désespérés.

CÉSAR — Pas invité.

OSCAR — Pas invité.

CÉSAR — À croire qu'on fait tache dans le décor.

OSCAR — C'est la 3e fois.

CÉSAR — Et ça ne sera pas la dernière, tu verras.

OSCAR — Pourtant, Gilbert, il m'a dit : « La prochaine fois, on t'invite. »

CÉSAR — Gilbert, il a autant de parole qu'on a d'argent dans les poches : aucune.

OSCAR — J'ai ramené mes plus belles boules, mon cochonnet de compétition, ma gourde, j'ai même failli ramener ma femme.

CÉSAR — Tu n'en as pas.

OSCAR — C'est pour ça que je ne l'ai pas ramenée.

CÉSAR — Tu veux que je te dise ?

OSCAR — Dis-moi.

CÉSAR — Ils ne nous invitent pas parce qu'on est bons, on est meilleurs qu'eux.

OSCAR — Tu crois ?

CÉSAR — On leur fait peur, c'est évident.

OSCAR — Ah c'est pour ça. Gilbert, à chaque fois que je tire, il tremble.

CÉSAR — Il n'y a pas que Gilbert qui tremble quand tu tires.

OSCAR — Sous prétexte qu'il a gagné les championnats de France, les championnats d'Europe et les championnats du monde, il dit qu'il est bon.

CÉSAR — Il est bon, il est bon… Une fois, il a raté un tir que même toi, qui ne sais pas viser, aurais réussi.

OSCAR — Moi, je ne sais pas viser ? Moi, je ne sais pas viser ?

CÉSAR — À chaque fois que tu tires, on se demande sur qui la boule va atterrir.

OSCAR — Ce n'est pas moi qui ai touché une poussette. Heureusement que la petite était dans les bras de sa mère.

CÉSAR — J'avais le soleil dans les yeux, je voulais pointer, j'ai tiré, ça arrive ! Quelle idée de se promener un dimanche après-midi dans un parc avec une poussette ! Les gens sont comme Gilbert, égoïstes.

OSCAR — N'empêche que Gilbert, il est carré, droit dans ses chaussettes.

CÉSAR — Droit dans ses chaussettes ? Il ne les a jamais de la même couleur et il sent tellement fort que quand je joue à côté de lui, je suis en apnée.

OSCAR — C'est pour ça que tu tires vite ?

CÉSAR — Bien évidemment : je peux plus respirer !

OSCAR — Je comprends mieux.

CÉSAR — Et quand il gagne une partie, j'ai envie de lui mettre mon poing dans la figure. Heureusement que le règlement me l'interdit.

OSCAR — Et moi, heureusement que la peur me l'interdit.

CÉSAR — Pas invité.

OSCAR — Pas invité.

CÉSAR — De toute façon, c'est un tournoi minable pour les amateurs, les boulistes du dimanche, ceux qui confondent tirer et pointer, on mérite mieux que ça : Le Mondial La Marseillaise à pétanque. *(Il monte sur le banc.)* Tu nous vois tenir la coupe ? Moi premier, toi second, et Gilbert dernier. On sera accueillis au village comme des héros, on fera la Une de « Pétanque Magazine », tout le monde sera là, sauf Gilbert, il sera sur ce banc en train de pleurer : « Pas invité, pas invité ».

OSCAR — Il aura peut-être les chaussettes de la même couleur, cette fois-ci.

CÉSAR — Oui, la couleur du dernier, du lâche de l'amateur.

OSCAR — Ah, c'est pas lui là-bas ?

CÉSAR — Oui, on dirait bien.

OSCAR — Il nous fait signe de venir, je crois qu'il nous ramène au tournoi.

CÉSAR — Tu vois, quand je te disais que c'était un mec bien...

OSCAR *(chantonnant)* — On est invités, on est invités !

DODU (I)

Un promeneur a perdu son chien, Dodu. Il le cherche partout dans le parc et rencontre différents personnages. La scène commence par un gardien qui déambule le long du parc, il surveille les promeneurs.

LE GARDIEN — Non Madame, il ne faut pas marcher sur la pelouse, c'est interdit, surtout avec vos talons, vous allez me faire des trous. Que vont dire les jardiniers après…Jeune homme, les papiers c'est dans la poubelle, vous en avez une plus loin… Je suis dans le plus beau parc de Paris, j'ai l'impression d'être dans une garderie… Non Monsieur, c'est un parc non-fumeur, vous pouvez boire, mais pas fumer.

Le promeneur surgit, affolé, à la recherche de son chien, Dodu.

LE PROMENEUR — Excusez-moi Monsieur le gardien, vous n'auriez pas vu mon chien? Il s'appelle Dodu.

Le promeneur appelle son chien.

LE PROMENEUR — Dodu, Dodu, Dodu !

LE GARDIEN — Est-ce qu'il était tenu en laisse ?

LE PROMENEUR — Non, Dodu n'aime pas la laisse.

LE GARDIEN — Vous avez vu le panneau à l'entrée du parc : « Chiens tenus en laisse », c'est 68 euros d'amende normalement.

LE PROMENEUR — D'habitude, il reste à côté de moi sans bouger.

LE GARDIEN — Oui, mais là, il n'est pas à côté de vous sans bouger.

LE PROMENEUR — Non, vous le voyez bien... Dodu, Dodu !

LE GARDIEN — Encore un chien qui va salir ma pelouse, dans quel état je vais la retrouver ! Il n'est pas dangereux, j'espère ?

LE PROMENEUR — Non.

LE GARDIEN — Vous êtes sûr ?

LE PROMENEUR — Il a mordu quelques mollets, mais qui n'a pas mordu de mollets dans sa vie ?

LE GARDIEN — Dépêchez-vous de le retrouver, sinon je vous colle une amende pour dégradation de pelouse.

LE PROMENEUR — Rassurez-vous, Monsieur, Dodu n'aime pas autant les pelouses que vous.

LE GARDIEN — C'est ce qu'ils disent tous, personne n'aime les pelouses, mais tout le monde marche dessus... Doucement les enfants, courez pas si vite, vous allez tomber... Ah qu'est-ce que je disais !

*Le gardien s'en va et le promeneur repart
à la recherche de son chien.*

LE PROMENEUR — Ah, peut-être que ce monsieur l'a vu.

*Un homme entre dans le jardin, il est sur son téléphone, e t
fait défiler avec son doigt des annonces d'emploi.*

LE CHÔMEUR — Trop loin, trop près, trop simple, trop dur... Décidément, il n'y a plus de travail en France.

LE PROMENEUR — Excusez-moi, Monsieur, vous n'auriez pas vu mon chien, un petit chien noir avec des poils longs ?

LE CHÔMEUR — Non, je n'ai pas vu votre chien, à moins qu'il ait un travail à me proposer.

LE PROMENEUR — Beaucoup de chiens recrutent, mais pas le mien, je suis navré.

LE CHÔMEUR — Dommage... Trop jeune, trop vieux, trop grand. Ah! Il est bien ce poste... il y a six mois...

LE PROMENEUR — Trop tard.

Le chômeur s'éloigne.

LE PROMENEUR — Dodu, reviens, on changera de croquettes, de toilettage, de laisse... Allez reviens, la plaisanterie a assez duré. Ah, cette jeune fille l'a sûrement vu !

*Une fille s'assoit sur un banc, elle est en train de parler
au téléphone.*

LA FILLE — Oui maman, ce matin, j'ai pété les plombs au travail… Je sais maman, ça ne sert à rien de s'énerver… ça ne fait qu'empirer les choses… Oui maman… Attends, il y a un monsieur qui veut me parler.

LE PROMENEUR — Excusez-moi de vous déranger, Mademoiselle, vous n'auriez pas vu mon chien ? Un petit chien noir avec…

LA FILLE — Vous voyez pas que je suis au téléphone ? Ma meilleure amie balance des conneries sur moi à tout le monde, mon copain vient de me quitter. Au garage, j'étais venue pour une vidange, je suis repartie avec des pneus neufs, une courroie, mais sans la vidange et j'en ai eu pour 900 euros, ma patronne me regarde de travers et me hait, soi-disant mes dossiers ne sont pas assez traités, je les traite comme tu me traites, avec du mépris. Alors non Monsieur, je n'ai pas vu votre chien, vous permettez…! *(La fille fachée se lève et s'en va.)*oui maman je sais, faut pas s'énerver, mais là c'était vraiment énervant

Le promeneur désespéré s'assoit sur le banc.

LE PROMENEUR — J'ai perdu mon chien, tout le monde s'en fout, pourquoi personne ne cherche avec moi ? À plusieurs, on pourrait le retrouver. Moi, je ne cherche pas les chiens des autres, c'est parce que Dodu est jaloux, si j'avais pas Dodu, je les aurais tous cherchés, les chiens perdus ! Dois-je appeler la police, l'armée, le président de la République ? Non, je ne vais pas l'embêter, il a assez de problèmes comme ça. Mais qu'est-ce que je vais devenir sans Dodu ? Un promeneur sans chien, un orphelin...

Un homme en état d'ébriété avec une canette de bière et une cigarette s'approche du promeneur et s'assied à côté de lui.

BÉBERT — Un kéké comme moi... Bébert, enchanté. *(Il lui tend la main pour le saluer)* J'ai vu votre chien.

LE PROMENEUR — Écoutez, je ne suis pas d'humeur à plaisanter et c'est un parc non-fumeur.

BÉBERT — Je ne fume pas, je crapote. C'est un petit chien noir avec des poils longs, il a même un collier vert... enfin, vert et rouge maintenant.

LE PROMENEUR — Vous l'avez vu où ?

BÉBERT — Vous voyez, je ne raconte pas de conneries, mes potes ils disent : « Bébert, il parle pas beaucoup, mais quand il parle, c'est vrai ».

LE PROMENEUR — Il est où ?

BÉBERT — Il est passé par là et il y a une personne...

LE PROMENEUR — ... qui l'a enlevé ?

BÉBERT — Non, une personne avec un tigre.

LE PROMENEUR — Un tigre ???

BÉBERT — Oui, sur son tee-shirt.

LE PROMENEUR — Ah, mais vous me faites peur.

BÉBERT — Il lui a ouvert le petit portail.

LE PROMENEUR — Je lui ai déjà dit de ne pas parler aux inconnus !

BÉBERT — Il est sorti du parc et il a traversé la route. Je crois que votre chien a dû confondre le feu rouge et vert.

LE PROMENEUR — Dodu est daltonien.

BÉBERT — J'ai vu une voiture passer, c'était une Mercedes grise classe A, au même moment j'ai entendu : « Boum ! » Je crois que votre chien a coupé la route à la voiture, regardez le monde qu'il y a là-bas, ils sont tous autour de lui.

LE PROMENEUR (*s'éloigne à toute vitesse en criant*) — Dodu, Dodu, Dodu !

BÉBERT — Qu'est-ce que je disais : « Bébert, il parle pas beaucoup, mais quand il parle, c'est vrai ».

MA FEMME EST SUR INSTAGRAM

Un homme dépité entre dans le cabinet de son docteur.

PATIENT — Docteur, je voulais vous voir.

DOCTEUR — Qu'est-ce que je peux faire pour vous?

PATIENT — C'est très, très grave.

DOCTEUR — Dites-moi.

PATIENT — J'ose pas.

DOCTEUR — Allez-y.

PATIENT *(dépité)* — Ma femme est sur Instagram.

DOCTEUR — La mienne aussi : photos de vacances, photos du chien, de cuisine, de paysages...

PATIENT — Non, si seulement : des photos d'elle, des photos de lin-lin-lin... lingerie.

DOCTEUR — Ah bon ?

PATIENT — Je ne comprenais pas : tous les jours des sacs différents, Calzedonia, Etam, Aubade, Rouge-gorge. Au début, je pensais que c'était pour moi, j'étais pressé de rentrer, je ne voulais pas me mettre au lit après le dîner, j'attendais dans le salon, je regardais la télé, Camping paradis, Joséphine ange gardien. Premier soir… rien, deuxième soir… rien, troisième soir…

DOCTEUR — Oui ?

PATIENT — Rien. Si… Elle m'a dit : « J'espère que tu ne vas pas te coucher trop tard. » À 19 h, j'étais au lit, 19 h ! En espérant la voir venir avec une de ses tenues que j'avais vues dans ses sacs. Elle est arrivée à 22 h 30 avec un pyjama dégueulasse et un Doliprane.

DOCTEUR — Une migraine certainement.

PATIENT — Une migraine, une migraine? C'est moi qui suis malade docteur.

DOCTEUR — Oui je vois ça.

PATIENT — Vous savez comment je l'ai appris ?

DOCTEUR — Vous l'avez surprise en flagrant délit?

PATIENT — Non.

DOCTEUR — Elle vous l'a dit ?

PATIENT — Non plus.

DOCTEUR — Vous avez vu des photos ?

PATIENT — Même pas.

DOCTEUR — Alors ?

PATIENT — C'est mon patron qui me l'a dit, je ne comprenais pas pourquoi il m'avait augmenté. Il m'invitait à des réunions où je n'avais rien à dire, tout ce que je faisais, il trouvait ça bien, il connaissait ma femme mieux que moi.

DOCTEUR — À ce point ?

PATIENT — Et mes collègues, ils voulaient tous venir boire un verre à la maison, j'étais le seul dans l'entreprise à ne pas être au courant, le seul… dix mille!

DOCTEUR — Employés ?

PATIENT — Non, followers, en deux semaines, c'est vous dire si ses photos plaisent.

DOCTEUR — Vous lui en avez parlé ?

PATIENT — J'ai essayé docteur. J'ai essayé de lui en parler calmement, je lui ai dit : « Angélique, ma chérie, je me suis fait flasher sur la N7 à 112 km/h au lieu de 90 km/h, tu sais le radar derrière le pont, et toi les flashes en ce moment ça va ? » Vous ne savez pas ce qu'elle m'a répondu ?

DOCTEUR — Non.

PATIENT — « Tu roules trop vite. » Moi, je roule trop vite ? Montre-moi tes photos, je roulerai moins vite!

DOCTEUR — Pourquoi elle ne vous les montre pas ?

PATIENT — Je ne sais pas docteur. Du coup, je me suis créé un compte Instagram.

DOCTEUR — Très bonne idée.

PATIENT — Elle m'a bloqué docteur, elle m'a bloqué! Qu'est-ce qui m'a pris de lui offrir ce téléphone acheté sur Cdiscount ? Elle me disait : « C'est pour prendre des photos de ta mère, le week-end. » Ma mère, tu ne peux pas l'encadrer, comment tu veux la prendre en photo !

DOCTEUR — Calmez-vous Monsieur, je vous prescris quelques jours de repos.

PATIENT — Sûrement pas ! Pour que mes collègues se pointent à la maison pour prendre de mes nouvelles ? Non docteur.

DOCTEUR — Comme vous voulez, et je peux connaître son pseudo ?

PATIENT — angel. la. gazelle

DOCTEUR — Ah, c'est elle.

PATIENT — Quoi ?! Vous la connaissez… Oh!!!

LA NIAQUE

Nous sommes dans le bureau d'un DRH. Un candidat se présente pour passer un entretien d'embauche.

LE CANDIDAT — Bonjour.

LE RECRUTEUR — Bonjour, vous venez pour l'entretien ? Installez-vous, je vous en prie. *(Le candidat se dirige vers le bureau du recruteur.)* Stop ! N'avancez plus.

Le candidat s'arrête.

LE CANDIDAT — Pardon ?

LE RECRUTEUR — N'avancez plus !

LE CANDIDAT — Qu'est-ce qui se passe ?

LE RECRUTEUR — Vous n'êtes pas le candidat que je recherche.

LE CANDIDAT — Ah bon ?

LE RECRUTEUR — L'entretien a déjà commencé Monsieur, votre bonjour et vos quelques pas m'ont amplement suffi pour savoir qui vous êtes, et vous n'êtes pas motivé.

LE CANDIDAT — Si, je suis motivé, sinon je ne serais pas là, devant vous.

LE RECRUTEUR — Vous me le dites, mais je ne le vois pas. Comment vous vous êtes préparé ce matin ?

LE CANDIDAT — Euh... je me suis levé, j'ai pris ma douche, mon café...

LE RECRUTEUR — Je ne vous demande pas ce que vous avez fait, je vous demande comment vous l'avez fait. Vous êtes venu pour passer un entretien ou pour le réussir ? Ce n'est pas du tout la même chose.

LE CANDIDAT — Pour tout vous dire, il me faut absolument ce travail, j'en ai besoin.

LE RECRUTEUR — Oui, vous en avez besoin, comme 90 % des gens qui se lèvent tous les matins. Est-ce que vous êtes prêt à vous battre jour et nuit pour cette entreprise comme si c'était la vôtre ?

LE CANDIDAT — Oui bien sûr, le travail ne me fait pas peur, et puis, j'ai déjà occupé ce poste, j'ai l'expérience, les diplômes, je pense être le profil qu'il vous faut.

LE RECRUTEUR — Plus qu'un profil, je veux une attitude, un état, le pas vaillant, le corps engagé, l'œil qui brille... La niaque. Des candidats comme vous, j'en ai plein les CV, comment vous vous voyez dans 10 ans ?

LE CANDIDAT — Une vie de famille et un travail qui me plaît, comme tout le monde.

LE RECRUTEUR — Est-ce que vous seriez prêt à sacrifier la vie de famille, pour le travail qui vous plaît ?

LE CANDIDAT — J'aimerais concilier les deux.

LE RECRUTEUR — La vie de famille et le travail, quand on choisit les deux, il y en a toujours un qui est raté… Alors ?

LE CANDIDAT — Je ne sais pas.

LE RECRUTEUR — Regardez-moi, 30 ans, 50 personnes en dessous de moi, plus grand monde au-dessus! Quand tout le monde arrive, je suis déjà là, quand tout le monde s'en va, je suis encore là, jamais de plainte, jamais de maladie. Si tous mes collaborateurs avaient autant d'application que sur leur téléphone, à cette heure-ci, j'aurais des machines de guerre… Mais quand ils sont là, ils se regardent entre eux, ils regardent la pendule ou leur contrat de travail : « Oh!!! C'est pas à moi de faire ça. » au lieu de se demander ce qu'ils n'ont pas fait pour progresser davantage, et ce sont les mêmes qui se plaignent de leurs horaires, de leurs résultats ou de leurs primes, mais bon, le seul chiffre qui les intéresse, c'est celui de la fiche de paie. Travaille déjà, on comptera après. Déçus de rester au même poste, d'avoir la même vie, ils se promettent de quitter l'entreprise comme un mari qui jurerait à sa femme de se séparer d'elle, sans en avoir le courage bien évidemment... Pourtant, ils sont capables de grandes choses, ils ont passé quatre, ou cinq ans de leur vie à mettre une ligne sur un CV, une feuille sur un mur, mais bon ! Un diplôme, ça n'a jamais fait une carrière et vous savez ce qui leur manque ?

LE CANDIDAT — La niaque ?

LE RECRUTEUR — Vous êtes sûrement le profil idéal, comme vous dites, mais j'ai besoin de beaucoup plus. Je ne peux malheureusement rien faire pour vous. Au revoir.

LE CANDIDAT — Au revoir.

LE RECRUTEUR — Au fait.

LE CANDIDAT — Oui ?

LE RECRUTEUR — La prochaine fois qu'on vous dit stop, ne vous arrêtez pas.

> *Le candidat sort du bureau, le recruteur appelle sa secrétaire.*

LE RECRUTEUR — Catherine, envoyez-moi le suivant.

L'ÉCRIVAIN

Un écrivain déprime devant son ordinateur, il n'a pas d'idée pour son roman. Sa copine rentre du travail, toute contente et pleine d'énergie, car elle vient d'obtenir une promotion.

L'ÉCRIVAIN — Qu'est-ce que je vais pouvoir écrire ? Qu'est-ce qui pourrait lui arriver de pire ? Il n'a pas de travail, mais c'est un bosseur, il est ambitieux, mais il n'a pas d'ambition, il est motivé, mais il n'a pas de motivation…

Sa copine rentre, tout heureuse.

LA COPINE — Salut chéri, je rentre un peu en retard, le directeur m'a retenue, tu as préparé quoi pour le dîner ? Parce que j'ai une faim de loup.

L'ÉCRIVAIN — Ah oui le dîner, j'ai complètement oublié, j'étais en plein dans mon roman.

LA COPINE — Tu as de la chance que je sois de bonne humeur, ça va ?

L'ÉCRIVAIN — Non, ça ne va pas.

LA COPINE — Bah moi, ça va très bien. J'ai eu rendez-vous avec mon directeur, il m'a fait une proposition alléchante.

L'ÉCRIVAIN — Il veut coucher avec toi ?

LA COPINE — Non, tu sais très bien que je ne l'intéresse pas ! Tu te souviens de Valentine, la responsable caisse, la psychopathe qui s'en prenait à tout le monde sauf à elle-même, Valentine... celle qui met toujours les mêmes habits... Tu sais quoi ?

L'ÉCRIVAIN — Elle a changé de vêtements.

LA COPINE — Encore mieux, elle a changé de travail, elle a démissionné sur le champ.

L'ÉCRIVAIN — Vous voilà débarrassés.

LA COPINE — Toute la journée, les collègues ont défilé dans les bureaux de la direction pour espérer une promotion. Les mêmes qui critiquaient ce poste ont supplié pour l'obtenir. Je me suis régalée à les regarder passer, et tu sais qui ils ont choisi ?

L'ÉCRIVAIN — Toi ?

LA COPINE — Moi ! Je suis trop contente, tu as devant toi la nouvelle responsable caisse.

L'ÉCRIVAIN — Félicitations, je suis ravi pour toi, enfin une qui avance, c'est bien.

LA COPINE — Et pour fêter ça, j'ai ramené du champagne et des macarons comme tu aimes.

L'ÉCRIVAIN — Ça t'a coûté combien ?

LA COPINE (*ironiquement*) — Une fortune.

L'ÉCRIVAIN — Tu sais qu'on est fauchés, fais attention.

LA COPINE — Et alors, c'est pas ça qui va nous ruiner, et puis qui est-ce qui ramène l'argent à la maison ?

L'ÉCRIVAIN — Toi. Merci de me le rappeler.

LA COPINE — Quel enthousiasme! Ça fait plaisir... Moi, je te parle de ma promotion et toi, tu me parles d'argent. Dépêche-toi de sortir ton roman si tu veux qu'on gagne plus. D'ailleurs c'en est où ?

L'ÉCRIVAIN — J'ai bientôt fini.

LA COPINE — Génial, c'est le quatrième roman que tu as bientôt fini.

L'ÉCRIVAIN — Je fais ce que je peux.

LA COPINE — On pourrait remplir une bibliothèque avec tes écrits. Ça ne sert à rien, si c'est pour ne pas être lu, peut-être que tu rêves en secret que François Brunel toque à ta porte en te disant « C'est super ce que tu as écrit sur ton ordinateur, tes moitiés de romans, on t'invite à La grande librairie. »

L'ÉCRIVAIN — Balzac disait...

LA COPINE — On s'en fout de Balzac, il est mort, tu n'es pas au courant ? Il est mort.

L'ÉCRIVAIN — Je prends le temps dont j'ai besoin, écrire un livre, ce n'est pas aussi facile que d'être promu chef de caisse, toi t'as la bonne place.

LA COPINE — Pardon ???

L'ÉCRIVAIN — Ce n'est pas ce que je voulais dire…

LA COPINE — Moi, j'ai la bonne place? Ça fait trois ans qu'on est ensemble, qu'on vit dans un appart' de merde, que l'on ne s'autorise aucune folie, je ramène du champagne et des macarons et tu me demandes combien ça coûte ? Je m'excite pour une promotion alors que je rêve que d'une chose, c'est de faire comme Valentine, me casser de ce putain de travail. Mes collègues et mon entourage se moquent de moi : « Ton copain est écrivain, et il a écrit quoi ? Rien du tout. Il pleure toute la journée devant son ordi. » Je me sacrifie pour toi : pas de plaisirs, pas de vacances, pas d'enfant parce que Monsieur veut prendre son temps et pendant que tu fais joujou devant ton ordi, c'est moi qui en subis les conséquences, et tu me dis que j'ai la bonne place !

L'ÉCRIVAIN — On en a déjà parlé, j'ai peur. J'ai peur de la critique, j'ai peur de l'échec, je fais, défais, refais, j'ai même peur que ça marche. Et puis, il faut faire des rencontres, et puis trouver un éditeur, et puis….

LA COPINE — Et puis, et puis, et puis, tu m'épuises ! Si tu as si peur que ça, fais autre chose, on fait tous autre chose.

L'ÉCRIVAIN — Je ne sais pas faire autre chose.

LA COPINE — Non, tu ne veux pas faire autre chose.

L'ÉCRIVAIN — Et puis j'ai aussi peur de te perdre.

LA COPINE — Rassure-toi, tu es sur la bonne voie,

je ne vais pas rester 107 ans avec un mec qui ne veut pas s'engager. Tu ne t'engages ni en amour, ni dans le travail et même ton téléphone, c'est un forfait sans engagement.

L'ÉCRIVAIN — Chérie calme-toi, je suis désolé.

LA COPINE — Tu veux que je te dise ? Tu es un lâche, tu ne veux pas quitter ton petit confort. Si demain tu crevais la dalle, tes bouquins seraient déjà sortis en librairie, sur internet. Tu ferais toutes les foires du livre pour espérer ne serait-ce qu'en vendre un seul, juste de quoi te payer un sandwich, le midi ou ce soir, vu que tu n'as rien fait à manger. Tes excuses, ça ne marche plus.

L'ÉCRIVAIN — Chérie ne t'énerve pas, je suis désolé, on va la fêter ta promotion, passe-moi le champagne, j'adore les macarons.

LA COPINE — Trop tard, je m'en vais. J'espère qu'un jour, tes putains de romans sortiront de cet ordinateur, que je n'aie pas fait tout ça pour rien. Je ne te demande pas le prix Renaudot, Le Goncourt, ni même que les gens aiment ou pas, ce n'est pas ton affaire. Regarde ce qu'ils lisent dans le métro, ils lisent de tout et surtout n'importe quoi et pourtant derrière, il y a eu un auteur qui a eu les couilles de le sortir. Donne au moins la chance au lecteur de prendre ton livre, le sentir, le feuilleter, le lire et peut-être même de l'aimer.

L'ÉCRIVAIN — Oui chérie, tu as raison, je suis bête.

La copine prend son sac, sa bouteille de champagne et ses macarons.

LA COPINE — D'ici-là, moi, je vais fêter ma promotion, avec ce champagne que j'ai payé 39,90 euros et 24,90 euros les macarons, si tu veux tout savoir, monsieur le comptable. Si je fais un boulot de merde, c'est pas pour mon plaisir, c'est pour le tien.

L'ÉCRIVAIN — Tu vas où ?

LA COPINE — Je prends mes affaires, je vais loin des loosers.

L'ÉCRIVAIN — Reviens, on fête ta promotion.

LA COPINE — Je reviendrai quand tu auras fini ton roman, c'est-à-dire jamais, adieu l'écrivain.

UNE AUGMENTATION

Un employé vient demander une augmentation à son directeur, celui-ci est en train d'arroser sa plante dans son bureau.

MONSIEUR BERNET — Bonjour, monsieur le directeur.

LE DIRECTEUR — Bonjour, Monsieur.

MONSIEUR BERNET — J'ai demandé un rendez-vous avec vous, mais votre secrétaire m'a dit que vous étiez très occupé.

LE DIRECTEUR — Effectivement, je suis très occupé, mais installez-vous je vous écoute.

MONSIEUR BERNET — Voilà 14 ans que je travaille au sein de votre société.

LE DIRECTEUR — Comment ?

MONSIEUR BERNET — Je disais, voilà 14 ans que je travaille au sein de votre société...

LE DIRECTEUR — Au sein de « notre » société. Vous savez, ici, c'est une grande famille Monsieur euh... ?

MONSIEUR BERNET — Monsieur Bernet.

LE DIRECTEUR — Oui, monsieur Bernet *(le DRH écrit son nom sur son calepin).* Continuez.

MONSIEUR BERNET — Oui, au sein de notre société, 14 ans. Tout le monde est satisfait, j'ai de plus en plus de responsabilités et j'ai de très bons résultats.

LE DIRECTEUR — Je n'en doute pas. Venez-en au fait.

MONSIEUR BERNET — J'aimerais une augmentation.

LE DIRECTEUR — Ah une augmentation ! Je m'en doutais. monsieur Bernet, j'ai entendu votre requête, mais vous savez qu'actuellement, notre entreprise connaît bien des difficultés, même si les résultats sont là.

MONSIEUR BERNET — Oui, nous avons connu une croissance de 2 % l'année dernière.

LE DIRECTEUR — Ne confondons pas chiffre d'affaires et bénéfices.

MONSIEUR BERNET — Oui, mais comparé à mes collègues…

LE DIRECTEUR — Comparer, toujours comparer. Comparer le salaire, la voiture, la maison. Heureusement que ma femme est incomparable. Pensez-vous que si je m'étais comparé, j'aurais atteint ce poste en si peu de temps ?

MONSIEUR BERNET — Oui, mais monsieur Villebon, qui est au même poste que moi et qui n'est là que depuis 3 ans touche…

LE DIRECTEUR — Je vous arrête tout de suite ; une clause de confidentialité ne me permet pas d'aborder ce sujet et vous savez comment est Albert, euh… Je veux dire, monsieur Villebon. Même si nous sommes partis ensemble en vacances, dans notre club de golf, c'est un sacré déconneur, quel driver, je ne peux aborder la question de son important salaire, euh… de son salaire y compris en présence de l'intéressé, au risque de vous décevoir.

MONSIEUR BERNET — Oui, voilà sept ans que je ne suis pas augmenté.

LE DIRECTEUR — Je ne suis là que depuis trois ans. Vous savez que dès ma promotion, j'ai pris la décision et j'ai même exigé immédiatement et contre mon équipe d'instaurer le ticket restaurant. Ça n'a pas été une mince affaire, mais pourquoi ramener son sandwich de la maison quand on peut aller chez le chinois d'en face ? Un bon ami d'ailleurs, je n'oublierai jamais ces vacances qu'il m'a offertes à Shanghai, mais passons.

MONSIEUR BERNET — Monsieur le directeur, pour en revenir à mon augmentation…

LE DIRECTEUR — Malheureusement, la crise, je ne peux déshabiller Pierre pour habiller Paul. Qu'est ce que dirait Jacques ? Il ne serait pas content.

MONSIEUR BERNET — Et moi, je suis certain que vous pouvez habiller Pierre et Paul et faire taire Jacques.

LE DIRECTEUR — C'est mon plus grand souhait.

MONSIEUR BERNET — Dans ce cas, il me semble important de vous informer que j'envisage de quitter l'entreprise.

LE DIRECTEUR — Pourquoi vouloir vous séparer de votre famille, vous n'êtes pas bien ici ? Regardez tous ces CV, ces ambitions, ils sont là, ils n'attendent que votre place, tous ces gens qui me racontent leur vie pour espérer la vôtre. Et puis on sait ce qu'on quitte, mais on ne sait pas ce qu'on retrouve. Vous avez des enfants ?

MONSIEUR BERNET — Oui, un garçon et une fille.

LE DIRECTEUR — Le choix du roi. Comment expliquer à ses enfants, dans leur royaume, un frigo vide, les sorties du week-end annulées, l'argent de poche qu'on ne donne plus et puis les prêts qui s'accumulent ? Parce que Cetelem, il a l'air sympa comme ça, mais il ne faut pas l'énerver.

MONSIEUR BERNET — Donc ça ne va pas être possible ?

LE DIRECTEUR — En l'état actuel des choses, je ne peux pas satisfaire votre demande à mon grand regret, bien évidemment, mais je ne dis pas que dans un avenir proche, quand la crise calmera ses nerfs, pourquoi pas ? Maintenant, vous pouvez me laisser, j'ai beaucoup de travail. Continuez à nous donner le meilleur, c'est grâce à vous qu'on avance, faites-moi confiance, vous irez très loin, tenez bon.

MONSIEUR BERNET — Nous nous reverrons, monsieur le directeur.

LE DIRECTEUR — Mais je l'espère, avec plaisir d'ici deux ou trois ans pour faire le point.

MONSIEUR BERNET — Bien avant.

LE DIRECTEUR — Mon bureau est grand ouvert, monsieur Bernet, mais fermez bien la porte en sortant, je déteste les courants d'air.

Le directeur retourne arroser sa plante.

LES GRAND-MÈRES

Madeleine et Germaine discutent sur un banc, toutes deux sont retraitées et habitent une résidence.

GERMAINE — Vous avez vu le temps qu'il fait aujourd'hui ?

MADELEINE — Ils avaient annoncé du soleil à la météo.

GERMAINE — La pluie ne devrait pas tarder.

MADELEINE — Heureusement que j'ai dit à ma petite-fille de prendre son parapluie.

GERMAINE — Moi, je ne regarde plus la télé, ils racontent que des bêtises.

MADELEINE — Moi non plus, je ne regarde plus la télé, à part les infos, la météo, quelques films et quelques émissions, j'ai tout arrêté.

GERMAINE — Les locataires de la résidence sont plus intéressants.

MADELEINE — Oh! Je ne vous ai pas dit : ce matin, j'ai vu mon voisin, vous savez ? Le jeune sportif qui court tous les dimanches. Il discutait avec votre voisine, la petite Stéphanie. Je suis passée à toute vitesse, j'ai fait semblant de ne pas écouter, mais j'ai tout entendu ; j'ai cru comprendre qu'elle se plaignait de la hausse des charges.

GERMAINE — Elle se plaint toujours qu'elle n'a pas de sous et tous les samedis elle commande deux pizzas chez Pizza Hut. Moi, je peux me le permettre et je ne le fais même pas.

MADELEINE — Deux pizzas ? Mais elle vit toute seule, c'était pour qui la deuxième ?

GERMAINE — Je l'ignore, sûrement pour un de ses petits copains, qu'elle nous ramène toutes les semaines. Mon mari l'a déjà croisée à Intermarché avec un homme beaucoup plus âgé qu'elle.

MADELEINE — C'était sûrement son papa.

GERMAINE — D'après mon mari, ils étaient très, très proches, je doute que ce soit son papa. Tenez, l'autre jour, le livreur a attendu un quart d'heure avant qu'elle sorte, elle était sûrement en train de se « livrer ».

MADELEINE — Germaine enfin... D'ailleurs en parlant de livraison, Monsieur Bensaïd m'a aidée à monter mon cabas ce matin ; il est gentil ce monsieur, dommage qu'il ne comprenne pas le français.

GERMAINE — Oh rassurez-vous Madeleine, monsieur Bensaïd comprend le français quand ça l'arrange.

MADELEINE — Vous croyez ?

GERMAINE — J'en suis sûre.

MADELEINE — N'empêche qu'il est très gentil.

GERMAINE *(ironiquement)* — Ils sont tous gentils.

Elles aperçoivent une femme au loin.

LES DEUX — Bonjour, madame Martin.

MADELEINE — Elle est courageuse quand même, élever son fils toute seule, ça doit pas être une tâche facile. Son mari qui l'a quittée comme ça, du jour au lendemain, pour une collègue de travail…

GERMAINE — C'est elle qui n'a pas su le retenir, je peux vous le garantir, Madeleine. Mon mari file droit depuis 35 ans que l'on est ensemble, je ne lui laisse aucun répit, je l'ai à l'œil.

MADELEINE — C'est très dur pour son fils.

GERMAINE — Ah bon, pourquoi vous dites ça ?

MADELEINE — La dernière fois, je descendais pour promener ma chienne et quand je suis passée devant sa porte, je n'ai pas écouté, mais j'ai entendu le petit se faire disputer pour une note de quatre en français.

GERMAINE — Je vois que le petit Martin comprend aussi bien le français que monsieur Bensaïd.

MADELEINE — Germaine, vous êtes méchante.

GERMAINE — Non, je suis réaliste, vous n'avez pas vu Georgette ? Ça fait déjà un petit moment.

MADELEINE — Elle ne sort plus trop depuis le décès de son mari.

GERMAINE — Ah, son mari je ne pouvais pas le voir, je le trouvais arrogant et envahissant. On avait l'impression que toute la résidence était à lui.

MADELEINE — Vous avez bien raison. Une fois, j'avais oublié mon badge, eh bien vous savez quoi ? Il a refusé de m'ouvrir : « Non madame, c'est une propriété privée. », j'ai dû attendre que monsieur Chopin passe par là.

GERMAINE — En même temps, monsieur Chopin n'a que ça à faire de ses journées. Policier retraité, je n'ai pas l'impression qu'il ait décroché, il surveille tout le monde, heureusement que l'on n'est pas comme ça, nous.

MADELEINE — Heureusement. Moi, je vois des trucs quand je promène ma chienne, je ne dis rien, juste « bonjour », « au revoir » Si je racontais tout ce que je voyais, il y aurait des divorces et des suicides dans la résidence.

GERMAINE — Comme le feuilleton que je regarde en ce moment ; tiens d'ailleurs, il ne va pas tarder à commencer.

MADELEINE — Je croyais que vous ne regardiez plus la télé.

GERMAINE — Non, c'est mon mari et comme je l'ai à l'œil, je la regarde avec lui.

MADELEINE — Ah d'accord.

GERMAINE — Au revoir, Madeleine.

MADELEINE — Au revoir, bon feuilleton.

> *Chacune part de son côté.*

GERMAINE — Sacrée Madeleine, quelle commère, heureusement que je ne suis pas comme elle.

MADELEINE — Sacrée Germaine, quelle commère, heureusement que je ne suis pas comme elle.

Monologues

ADIEU MONDE
MERVEILLEUX

Adieu le téléphone, adieu internet, adieu monde merveilleux. Non, messieurs-dames, ils ne m'auront pas, ils ne m'auront plus. Ils ne sauront pas avec qui je traîne, ni avec qui je vis. Hier encore, j'ai pu suivre « une amie » de son réveil à son coucher ; un peu plus, je rentrais dans son rêve. Elle a rencontré son copain sur internet, alors qu'ils se croisaient tous les jours dans l'ascenseur : « Avant, je ne l'avais pas remarqué », qu'elle me dit. Heureux événement : ils attendent un bébé, commandé sur Amazon, livré en 5 heures avec trois couches, deux biberons et un certificat d'authenticité. La vendeuse électronique lui a dit :

« Non madame, ça n'a pas été fait à l'imprimante 3D, mais si la tête vous dérange, on peut la changer, pensez à nous le renvoyer, n'oubliez pas de changer la couche avant. »

Vous avez peur de quoi ? Qu'il se décharge ?

Adieu monde merveilleux, je n'irai pas à la campagne où il n'y a pas de réseau, ce n'est pas à moi de partir. Je resterai en ville, à subir les selfies, les têtes baissées *(imitant quelqu'un qui regarde son smartphone, la tête baissée)*, les belles conversations. C'est fou comme les gens n'ont plus rien à se dire : « Tu fais quoi ? Tu es où ? Avec qui ? » Mais qu'est-ce que ça peut te foutre ?

Adieu monde merveilleux, où tous sont heureux et brillants. Les hommes sont tous millionnaires et les femmes toutes belles. Putain ! Il n'y a que moi qui ai tout raté ? Il n'y a que moi qui ai une vie de merde ? Aaah excusez-moi, j'ai oublié de filtrer mon corps et mon compte, oublié de raconter cette vie qui n'est pas la mienne. Influenceurs, vendeurs de rêves, chasseurs de vues, vous ne m'aurez pas, vous ne m'aurez plus, j'ai jeté mon téléphone avant qu'ils ne me tuent.

Plus de numéro, plus d'adresse mail, plus de mots de passe à retenir, de toute façon, j'utilisais toujours le même. Enfin seul, connecté à moi-même, je vais revoir avec mes yeux, aimer avec mon cœur, partager avec ma voix. La société me fermera ses portes, me traitera de psychopathe, je resterai, envers et contre vous, un homme libre.

DODU (II)

Un homme porte une boîte avec une étiquette « Dodu », où se trouvent les cendres de son chien incinéré, décédé quelques jours plus tôt, écrasé par une voiture.

Dodu, depuis que tu es parti c'est plus pareil. Ton os n'a plus le même goût. Dodu, je t'avais dit de ne pas traverser au rouge, j'avais oublié que tu étais daltonien. Écrasé par une Mercedes, c'est quand même plus classe qu'une Clio. Dodu, j'espère que tu ne m'en veux pas, j'ai donné tes croquettes à la SPA, j'ai pas réussi à finir le paquet. Tu as vu, je ne t'ai même pas remplacé. Les autres chiens n'ont pas ton style, ils ne savent pas marcher, ils ne savent pas courir, pire ; ils ne savent même pas aboyer. Le tien, je le reconnaîtrais entre tous. Désormais, qui va m'accompagner pour me promener ? Qui va me lancer la balle pour que j'aille la chercher ? Qui va me taper le code pour que je puisse rentrer ?

La première fois qu'on s'est vus, on s'est compris, j'ai même changé de voiture, tu la trouvais trop vieille, changé d'appart, tu le trouvais trop petit, changé de quartier aussi, tu le trouvais trop moche. Dodu, tu avais la classe avec les filles, tu te faisais plus caresser que moi. Véritable star dans le quartier, obligé de te mettre des lunettes noires pour passer inaperçu.

Tout le monde disait qu'on se ressemblait ; moi, je ne trouve pas, c'est vrai que beaucoup de maîtres ressemblent à leur chien. Tu te rappelles de madame Pichard et de son chien ? Je les ai confondus, ils avaient la même coupe, c'est à elle que je lançais les croquettes, ça t'avait bien fait rire.

Dodu, j'ai gardé ta gamelle, ta banquette, ta laisse, tes poils sur le canapé, je n'ai pas pu les aspirer. Dodu, tu as emmené avec toi tous mes secrets. Promis, je ne dirai rien sur les tiens... J'espère avoir été le maître qu'il te fallait. En tout cas, tu as été le chien dont j'avais besoin. Même si tu m'insultais tout le temps de sale con, je t'ai toujours obéi... Ah Dodu, je savais qu'on n'allait pas finir la route ensemble.

TINA

Un homme raconte la rencontre avec la femme de sa vie ou de sa....

Je suis assis sur un banc en train de ne rien faire quand soudain, je vois sortir du jardin des Merveilles, une fleur magnifique, sublime, à faire pâlir tous les jardiniers du coin. Son parfum avait réuni toutes les senteurs du jardin, le parc n'avait jamais porté aussi bien son nom. J'arrête mon travail acharné, je me mets à la suivre comme un détective, elle se dirige vers la gare de Lyon, et prend le 16 h 56 à 17 h 23, j'en veux à la SNCF ! Comment peut-on faire attendre une femme aussi belle sur le quai ? Je la regarde, elle regarde son téléphone. Son train arrive enfin, elle choisit sa rame, moi je choisis la sienne ; elle monte avec grâce et volupté, moi je monte sans ticket. Ce n'est pas grave, les con-trôleurs me connaissent. En face d'elle, une place libre, je m'assieds à côté d'elle. Elle me regarde et d'une bouche aussi belle ne pouvait sortir qu'une voix aussi douce, elle me dit : « Vous allez me suivre longtemps comme ça ? » Elle m'avait remarqué : « Je m'appelle Tina et vous ? »

« Je... Je... Je sais plus. » Elle rit. Pendant qu'on discute, je regarde sa main, pas d'alliance au doigt, sur son fond d'écran, pas de photo d'homme, ni de femme : aucun signe ostentatoire d'un amour existant, tous les feux sont au vert.

On arrive à destination, il n'y a eu aucun contrôleur, c'est un signe. Je lui propose d'aller boire un café... allongé... euh, le café... Je lui parle de ma situation, ça ne la dérange pas, elle me parle de sa situation : « Oh non ça ne me dérange pas, peu importe ce que tu fais, j'aime ».

Tina est une femme qui touille son café de gauche à droite, elle pense à l'avenir. Elle regarde mon Spéculoos avec insistance : « Tiens, je t'offre mon Spéculoos ». Je réclame l'addition : « Est-ce le prix à payer ? » Je règle les deux cafés, elle me dit : « La prochaine fois, c'est pour moi ». Il y aura donc une prochaine fois.

Nous sortons nous dégourdir les jambes. On passe devant la mairie, devant la maternité, on esquive le tribunal. Devant un monument dont j'ai oublié le nom, elle me raconte son histoire A vrai dire, je ne retiens rien, j'ai juste remarqué qu'elle en sait des choses... Pendant toute la promenade, je sens que nos mains se cherchent, vous savez, ces petits gestes qu'on croit involontaires, mais qui sont calculés.

Je suis tellement bien que pas une seule fois, je ne regarde mon téléphone ; elle non plus d'ailleurs. Le soir, petit désaccord, elle veut manger chinois, je veux manger oriental, on finit par manger français.

Dîner « Aux Chandelles », il n'y avait pas de bougie, c'est le nom du restaurant.

J'essaie de manger proprement, des petites bouchées, bien mâcher pour pas m'étouffer. Dans un souci de digestion, je demande à retirer les oignons du plat, mais elle a très bien compris que c'est pour garder une haleine fraîche. Soudain, elle me fait du pied, elle prétexte une table trop petite. Je lui retouche le pied, j'accuse des jambes trop grandes. Finalement, on préfère manger les pieds collés.

Elle me parle de sa passion. Moi ? Non, pas encore… La danse. D'ailleurs, ce soir, elle est invitée à une soirée salsa :

« Ça te dit de venir ? » Mais bien sûr, c'est ma danse préférée. Allons « salser » je serai ton salsero, je ne sais danser que les danses qui rapprochent. Après qu'elle a réglé l'addition, je ne vous avais pas dit que c'était une femme sublime ? Nous partons donc au bal. Elle me présente ses copains, ses belles copines, mais Tina est la plus belle des plus belles de ses copines. La piste est pleine, mais nous ne sommes que deux. Après lui avoir écrasé cinq pieds, trois mains et deux orteils, elle va pour m'embrasser ; je ferme les yeux et j'ouvre la bouche, mais tout à coup, j'entends une musique différente. Le DJ a-t-il changé de piste ? Une musique incolore, inodore et sans saveur. Le DJ a-t-il changé de poste ? Cette musique me rappelle quelque chose.

Quoi ?... Il est 7 h, l'heure de se lever. Ce n'était donc qu'un rêve.

LES YOUTUBISTES

Pendant ce temps, sur YouTube…

Deux garçons tournent une vidéo devant leur caméra.

Le premier fait une démonstration de nettoyage, il essaie de retirer une tache sur une table avec différents produits.

Le second garçon donne une leçon de développement personnel et fait la promotion de la conférence qu'il animera.

LE NETTOYEUR

LE NETTOYEUR — Salut les amis, aujourd'hui je reviens pour une nouvelle vidéo spécial nettoyage : comment faire partir une tache de merde ? Oui je sais, à la maison, on a tous une tache de merde que l'on aimerait bien faire partir :

« Qu'est-ce que je dois faire ? Quel produit je dois utiliser ? Combien de temps ça va me prendre ? Il ne faut pas que quelqu'un ne la voie, parce que nous, elle nous dérange pas, mais il faut que personne ne la voie ». Aujourd'hui, je vais vous apporter toutes les solutions pour supprimer cette tache de merde. Juste avant, likez, partagez et commentez si vous voulez que je continue à nettoyer votre maison. Pour ce faire, j'aurais besoin de vinaigre blanc. N'achetez pas celui des grandes surfaces, il est de très mauvaise qualité, je vous mets le lien dans la description.

Un peu de bicarbonate de soude, attention à ne pas confondre avec les cristaux de soude. Pour qu'il n'y ait pas de confusion, je vous ai mis le lien dans la description. Un peu de sel, personnellement je préfère le sel de Guérande, je trouve qu'il absorbe mieux. J'ai un ami producteur, je vous mets le lien dans la description. Sans oublier notre chiffon magique, notre chiffon d'amour : le chiffon de chamoisine à seulement 49,90 euros. Si vous m'en prenez deux, je vous offre 10 % sur le cinquième le lien est dans la description. Passons à l'action, go go go !

J'espère que vous la voyez la tache de merde ; elle est attaché, elle a séché, elle ne veut pas lâcher. C'est une tache de merde, comme on en voit chez tout le monde. Regardez, je gratte un peu pour vous montrer qu'elle est bien incrustée, que ça fait un petit moment qu'elle est là, qu'elle a bien pris ses marques. Je ne me dégonfle pas, je mets mes gants souples d'une valeur de 19,90 euros spécial taches, le lien est dans la description. J'applique le sel de Guérande, je le répartis uniformément sur la tache, je mets le vinaigre blanc, et juste derrière, le bicarbonate de soude. Je rappelle que tous les produits sont en lien dans la description.

La tache résiste, elle sent que c'est fini pour elle, elle va plier bagage. D'ailleurs, j'ai prévu une vidéo sur les bagages, comme c'est bientôt les vacances. Dites-moi en commentaires si ça vous intéresse. Là, je passe le chiffon de chamoisine, le lien est dans la description. Découvrons ensemble le résultat : La tache a complètement disparu... et les produits m'ont cramé la table.

Prochaine vidéo : comment réparer une table cramée par des produits ménagers ? N'hésitez pas à me dire si ça a marché pour vous, si vous avez d'autres astuces, des questions, des envies... Attendez... De quoi, chérie ? Ça partait juste avec de l'eau ? Le lien est dans la description, ciao ciao. *(Il éteint la caméra.)* Chérie enfin... C'est pas comme ça qu'on va partir à Dubaï.

LE WINNER

LE WINNER — Bonjour les winners, c'est Stéphane, votre coach de vie qui habite à Bali.

On me demande souvent comment je fais pour être moi-même.

Avant de répondre à cette question, n'hésitez pas à liker, partager et commenter ma vidéo, si vous voulez que je continue à être moi-même.

Pour ceux qui ne me connaissent pas, je m'appelle Stéphane, timide maladif. À 15 ans, je dormais encore avec mon doudou et à 17 ans, je voulais me suicider. Mes parents m'ont dit : « Passe ton bac d'abord, ne pars pas sans rien. » Ça a été comme un déclic, cette phrase m'a redonné goût à la vie. Je ne partirai pas sans rien. Je vous explique tout dans mon livre autobiographique *Le Gratteur*, disponible sur toutes les plateformes, dans lequel je parle de mon parcours, de mes goûts, de mes choix et surtout de moi.

Alors à la question : « Comment je fais pour être moi- même ? » puisque c'est le sujet de la vidéo, déjà il faut se demander : « Te connais-tu vraiment ? » Pour cela, j'organise une conférence exceptionnelle. Pendant plus d'1 h 30 je vais vous révéler tous les secrets pour être enfin vous-même. C'est samedi à 20 h, dépêchez-vous, les places sont chères… euh je veux dire, elles partent vite. D'ailleurs, il y aura une promotion spéciale sur ma formation « Donne-moi tout ce que tu as, je te dirai qui tu es. » Je vous la fais au tarif sacrifié de 297 euros au lieu de 5 990 euros. Vous allez vous redécouvrir ; je vous donne tous les secrets, toutes mes astuces, tout pour être vous-même. Je vous accompagne pendant plus de 50 h de vidéos, où vous allez me voir me regarder, m'admirer et m'aimer, euh… Vous aimer bien sûr.

Pour les nouveaux inscrits à mon club « Plus y'a de fous, plus je ris. » à 49,90 euros par mois, j'offre une vidéo bonus qui va littéralement changer le cours de votre vie. Je vous y attends avec impatience les winners, samedi, 20 h.

D'ici-là, il y a mon livre, le club, le blog, la formation, mon application, ma boutique, mon restaurant. Et n'oubliez pas : si vous n'êtes pas heureux, moi je le serai pour vous.

INSOMNIE

Aucune berceuse ne peut m'endormir

Tellement de moutons autour de moi

J'arrive même plus à les compter

Comme ces virées nocturnes, accompagnées d'une étoile

Elle est plus belle que bonne

Résultat des courses

Je passe mes nuits sous la Grande Ourse

À ressasser mes problèmes de cœur et de bourse

La nuit peut garder ses conseils

Elle en a trop mis sur le tapis, au tapin

Des poches sous mes yeux

Il n'y a qu'elle qui puisse me cerner

Mais que faire de ce moment où un petit bruit fait un gros boucan ?

Je vais chuchoter, juste pour vous laisser dormir

Morphée s'est éclipsé, les soucis le font fuir

Il vient quand tout va bien, ça m'en rappelle certains

Que je mettrais bien dans une boîte

Justement, la nuit a sa boîte, une vulgaire planète étroite

Où tous se frottent, se piquent, c'est les porcs qui piquent

Regarde-les ! S'affoler, s'affaler, non, ça fallait pas

Il y a la lune en veilleuse, toujours silencieuse

Même si tu lui marches dessus

Je l'ai vue remplacer dignement le soleil, n'épargner aucune parcelle

À part celle où les yeux sont restés fermés

Dis-leur de ne pas les ouvrir

L'arrivée du jour ne va rien arranger

Les mêmes cauchemars

Et les mêmes cases qu'on coche, marre !

Bref, chaque jour nous meurtrit, et la nuit nous tue.

BIENTÔT MARIÉE ?

*Une fille raconte à sa meilleure amie sa demande en mariage,
faite quelques jours plus tôt.*

Elle est belle ma bague, regarde, on dirait un soleil.
Tu te rends compte ? Je vais me marier ! J'ai commencé
à regarder les robes. Tu viendras la choisir avec moi,
promis ?

« *Je veux un grand et beau mariage* », m'a-t-il dit. Il
était tout ému, c'était tout mignon à voir. Bien sûr que
j'ai accepté et ce soir, encore un resto. Il me prend
toujours une rose chez le Pakistanais. Bon, la rose ne
sent pas la rose, ce sont des plantes cultivées dans les
hangars, mais ça fait toujours plaisir.

D'ailleurs, en parlant de parfum, il l'a changé, il a le
même que mon ex. Au début, c'était troublant, mais
maintenant, je m'y suis habituée. Ça fait 6 mois, tu te
rends compte ? Et il a toujours autant d'étoiles dans les
yeux. La routine n'existe pas, chaque jour est une

surprise. Il est parfait, j'ai de la chance d'avoir un homme aussi beau, fort et intelligent à mes côtés.

Son bonheur dépend du mien, sa journée dépend de la mienne. Tu te rends compte ? Je vais me marier. Je vais m'appeler Madame, avoir des enfants, une belle maison, une nouvelle vie. Avec lui, j'oublie tout le quotidien, les soucis, le travail mais... Il n'y a qu'une seule chose qu'il n'arrive pas à me faire oublier, une seule chose... Mon ex. C'est trop dur, je n'y arrive pas, j'ai tout essayé, mais je n'y arrive vraiment pas. J'espère toujours secrètement qu'il reviendra et que l'on recommencera notre histoire là où on l'a laissée. Mon ex, je fais semblant de le détester, mais comme je l'aime, je crois que je l'aimerai toujours. Une fois, je l'ai croisé avec une fille, je n'ai pas su voir si c'était une collègue ou sa copine et puis, je n'ose pas le rechercher sur internet, j'ai peur de me faire du mal. Le voir en photo avec sa nouvelle copine, ou avec un gosse ou juste revoir son visage, ça m'effraie, ça me paralyse.

Tu crois qu'il m'a oubliée ? Chaque jour qui passe, j'ai beau être dans les bras de mon futur mari, être comblée de bonheur, de cadeaux, de voyages, je ne pense qu'à mon ex. Je me dis qu'une histoire inachevée n'empêche pas d'en vivre une autre, enfin j'espère... Et puis, mon futur mari a toutes les qualités. Je n'ai rien à lui reprocher, je ne veux pas lui faire de mal, je ne veux pas le faire souffrir comme moi je souffre. La vie de famille aura peut- être raison de moi. Mon mari aura mon corps, mon ex aura mon cœur. On vit tous un ménage à trois, un amour que l'on veut revoir, reprendre dans ses bras, et une personne avec qui on patiente. Au fait, tu veux bien être témoin à mon mariage ?...Elle est quand même belle ma bague.

MADAME SAMBON

Une vieille dame vient faire la causette à un garçon avec qui elle discute régulièrement, il lui demande comment elle va.

Je vais bien merci, vous êtes gentil de me demander. Vous n'êtes pas comme mon fils, un vrai salaud. En même temps, les chiens ne font pas des chats. Ce matin, il voulait que je souscrive à une assurance-vie, il m'a dit : « Maman, on ne sait jamais, ça va vite. » Et puis quoi encore ? Les enfants, on leur donne la vie, on les éduque et puis, un jour, ils veulent notre mort. Vous, ça se voit que vous êtes gentil avec votre mère, c'est pour ça que je vous aime bien. Vous avez vu cette dame au loin, elle est au courant... Elle sait que j'ai vendu le pavillon et elle me regarde de travers quand elle me voit sortir de l'épicerie solidaire. Et alors ? Je fais ce que je veux de mon argent ; si je ne veux pas le dépenser dans l'alimentaire, je ne le dépense pas. La garce !

Au fait, ce week-end, je pars à Orléans. Vous vous rendez compte ? C'est un ami algérien qui me fait découvrir la France. Il la connaît mieux que moi, il est routier. La dernière fois, on est partis 3 jours. Bon, je n'arrivais pas à dormir dans son camion à cause du bruit du frigo, et puis quand je l'ai débranché, je me suis aperçue que ce n'était pas le frigo, c'était lui. À la station-service, il veut toujours payer le café, je lui ai dit : « Si tu ne me laisses pas te l'offrir, je ne monte plus dans ton camion. » Alors il a accepté, même si je sais que ça le gêne, il est tellement gentil.

Là, je reviens de la pharmacie, je suis allée chercher mes antidépresseurs. Ces choses-là, c'est de la merde, il ne faut pas les oublier, car eux, ils ne t'oublient pas. Je pensais qu'en déménageant, je n'aurais plus besoin de les prendre, eh bien au contraire, ils sont encore plus présents. Tout ça, c'est la faute à mon mari, c'était une belle enflure. Quand il est décédé, je n'ai même pas versé une larme. Ces choses-là, ça ne se commande pas. Et puis un jour, en me promenant, je me suis mise à pleurer. Il m'en avait tellement foutu sur la gueule que c'était invivable. Mais comment peut-on être aussi méchant ? Et le pire, c'est que dehors, il était gentil et mignon, tout le monde me disait : « Tu en as de la chance d'avoir un homme comme lui ». Si les gens savaient, ils n'auraient pas tenu une seule minute, pas une seconde. Moi, j'ai tenu vingt ans, et le jour de mon anniversaire, il est parti… Je n'aurais pas pu espérer meilleur cadeau, tellement radin qu'il est peut-être parti pour ne pas m'en offrir. De toute façon, en 20 ans, il ne m'a pas fait de cadeau :

« *Tes pâtes sont pas cuites, tes pâtes sont pas cuites, mais tu cuisines avec tes pieds !* » Moi je n'y peux rien, c'est écrit 10 minutes sur la boîte, j'allais jusqu'à 15 minutes des fois. Quelle idée de mettre des indications de cuisson, on n'a pas les mêmes appareils ! De toute façon, ça n'aurait pas été les pâtes, ça aurait été autre chose, jamais content.

Vous le trouvez comment, mon sac ? Je le préférais en rouge, mais la vendeuse m'a dit que le noir m'allait très bien. Quarante euros, c'est pas cher, je me suis fait plaisir. C'est pas tous les jours et puis, notre argent, on ne va pas mourir avec. En plus, il y a une pochette pour mettre mon téléphone. Même s'il ne sonne jamais, c'est pratique pour regarder l'heure. D'ailleurs, je ne vais pas tarder.

Je vous aime bien vous, parce que vous m'écoutez. Les gens me demandent :

« Comment ça va madame Sambon ? Vous allez bien madame Sambon ? » Et ils n'écoutent même pas la réponse pourtant j'essaie de faire court.. Maintenant, ils m'évitent au marché. Ils changent d'allée et moi, je fais comme si je n'avais rien vu. Qu'est-ce que vous voulez faire ? Les gens sont comme ça... Bon, je dois vous laisser, il faut que je me prépare pour ce week-end.

C'EST FOU, C'EST FOU, C'EST FOU

Un gentil monsieur est dépassé par la vie et les petits événements du quotidien.

Je traverse le passage piéton et là, il y a une trottinette qui passe à toute vitesse devant moi, qui a failli me renverser. Et je me fais insulter de « connard. » C'est fou, c'est fou c'est fou ! Mais qu'est-ce qu'ils ont les gens en ce moment ? En plus j'ai chaud. Ils ont dit qu'il ferait froid aujourd'hui, alors, je me suis couvert, je sors : grand soleil. Je n'écoute plus la météo, c'est fini ! Les présentateurs, c'est tous des guignols. L'autre jour, ils disaient « ciel dégagé », j'ai laissé mon parapluie chez moi, il s'est mis à pleuvoir, j'ai chopé la grippe. C'est fou, c'est fou, c'est fou ! Mais qu'est-ce qu'ils ont les gens en ce moment ?

Je croise mon voisin qui me dit « Tout va bien. » Vous rendez compte ? Il me dit : « Tout va bien ». Je sais très bien qu'il ne va pas bien, il était malade. Toute la nuit, j'ai entendu la chasse d'eau. Il aurait pu s'excuser, le bonhomme était vert en plus... Non, pas le voisin, le feu. C'est fou, c'est fou, c'est fou ! Mais qu'est-ce qu'ils ont les gens en ce moment ?

Je vais pour faire mes courses à l'Intermarché avec mon cabas à roulettes. Comme d'habitude, je le laisse dans l'allée centrale pour aller chercher ma boîte de haricots, je reviens, plus de chariot ! Ça ne les dérange pas de faire les courses avec le chariot des autres ? J'ai tout porté à bout de bras, j'ai encore mal, j'ai dû me déplacer un muscle. C'est fou, c'est fou, c'est fou ! Mais qu'est-ce qu'ils ont les gens en ce moment ?

Trois boulangeries... Trois boulangeries ! Trois boulangeries pour une baguette. La première était fermée exceptionnellement ce mardi. Si tu fermes un jour de marché, ferme toute l'année. La deuxième, plus de baguette, que des traditions ou des pains de campagne : « *Non Madame, je veux une baguette pas trop cuite, j'ai les dents fragiles.* »

La troisième, il y avait tellement de monde, pourquoi ils veulent tous une baguette quand moi j'en cherche une ? J'ai mis deux heures. Entre le client qui ne sait pas ce qu'il veut et celui qui a vidé la boulangerie, je me suis retrouvé avec une baguette toute noire. J'espère que je vais pas me casser une dent....

C'est sûr qu'il l'a bien brulé... non, pas la baguette, le feu. Les passants autour étaient choqués. Pour une fois, ce n'était pas un livreur à vélo de repas à domicile. Eux, ils sont prêts à tuer quelqu'un pour en servir un autre. Est-ce qu'ils le disent à leurs clients au moment de la livraison ? « *Bonjour, je me suis fait klaxonner cinq fois, j'ai grillé sept feux, écrasé trois mamies, bon appétit.* ». Non ils ne leur disent pas, c'est sûr qu'ils ne leur disent pas... Si ça continue comme ça, je peux vous garantir que je ne sortirai plus. Vous aurez beau insister : non, non et non ! Je ne sortirai plus. Pour croiser les livreurs qui tuent, les trotinettes qui agressent, les voleurs de chariot autant rester chez moi à écouter le voisin qui... Oh non...Mais qu'est-ce qu'ils ont les gens en ce moment ?

TABLE DES CHAPITRES

Cher.e.s Lecteur.trice.s

Je suis auteur indépendant.
J'écris, publie et
promeus moi-même mes livres.
Pour m'aider à faire connaître mon livre
et à m'encourager dans mon travail,
je vous invite à me laisser un commentaire
sur la fiche produit de ce livre.

Votre avis est précieux,
je lis tous les commentaires.

UN GRAND MERCI !

Imprimé à la demande

Imprimeur : Amazon KDP

ISBN : 978-2-9589583-0-5

Dépôt légal 2e trimestre 2024